Marike van der Schaaf
Juultje Sommers

Evidence statement voor fysiotherapie op de intensive care

Marike van der Schaaf
Juultje Sommers

Evidence statement voor fysiotherapie op de intensive care

Houten 2015

ISBN 978-90-368-0903-0

© 2015 Bohn Stafleu van Loghum, onderdeel van Springer Media BV
Alle rechten voorbehouden. Niets uit deze uitgave mag worden verveelvoudigd, opgeslagen in een geautomatiseerd gegevensbestand, of openbaar gemaakt, in enige vorm of op enige wijze, hetzij elektronisch, mechanisch, door fotokopieën of opnamen, hetzij op enige andere manier, zonder voorafgaande schriftelijke toestemming van de uitgever.

Voor zover het maken van kopieën uit deze uitgave is toegestaan op grond van artikel 16b Auteurswet j° het Besluit van 20 juni 1974, Stb. 351, zoals gewijzigd bij het Besluit van 23 augustus 1985, Stb. 471 en artikel 17 Auteurswet, dient men de daarvoor wettelijk verschuldigde vergoedingen te voldoen aan de Stichting Reprorecht (Postbus 3060, 2130 KB Hoofddorp). Voor het overnemen van (een) gedeelte(n) uit deze uitgave in bloemlezingen, readers en andere compilatiewerken (artikel 16 Auteurswet) dient men zich tot de uitgever te wenden.

Samensteller(s) en uitgever zijn zich volledig bewust van hun taak een betrouwbare uitgave te verzorgen. Niettemin kunnen zij geen aansprakelijkheid aanvaarden voor drukfouten en andere onjuistheden die eventueel in deze uitgave voorkomen.

NUR 890
Automatische opmaak: Crest Premedia Solutions (P) Ltd., Pune, India

Bohn Stafleu van Loghum
Het Spoor 2
Postbus 246
3990 GA Houten

www.bsl.nl

Voorwoord

De fysiotherapie speelt een belangrijke rol in het interdisciplinaire team op de intensive care.

Er is steeds meer wetenschappelijk bewijs dat met fysiotherapie de gevolgen van ernstige ziekte, bedrust en inactiviteit voor het bewegend functioneren kunnen worden beperkt en dat dit veilig kan worden uitgevoerd bij intensive care patiënten.

In dit boekje worden de meest recente wetenschappelijke inzichten systematisch samengevat en aangevuld met expertise van intensive care artsen en fysiotherapeuten. Op basis daarvan is een vertaalslag gemaakt naar praktische aanbevelingen voor de dagelijkse praktijk. Deze aanbevelingen zijn van toepassing voor alle intensive care patiënten, ongeacht de diagnose of de ernst van de ziekte. De aanbevelingen hebben betrekking op de veiligheid, het gebruik van klinimetrie en interventies en vormen hiermee de basis voor het evidence-based fysiotherapeutisch handelen.

Achtereenvolgens worden aanbevelingen gegeven voor het diagnostisch proces met de screening op rode vlaggen en het gebruik van meetinstrumenten (► H. 2), en het therapeutisch proces (► H. 3). De onderbouwing van alle aanbevelingen is te vinden in 'de noten' in ► H. 4. Na de literatuurlijst (► H. 5) wordt een samenvatting van het evidence statement gepresenteerd in de vorm van werkkaarten, één voor het diagnostisch en één voor het therapeutisch proces (► H. 6).

We hopen dat dit boek houvast biedt aan fysiotherapeuten en andere zorgprofessionals die werkzaam zijn op de intensive care en bijdraagt aan de doelmatigheid, eenduidigheid en transparantie van de fysiotherapeutische zorg op intensive care afdelingen.

Wij willen alle leden van de eerste en tweede kringen hartelijk bedanken voor hun bijdragen aan de totstandkoming van dit boek. Ten slotte bedanken we Fonds NutsOhra en de afdeling Revalidatie van het AMC voor het verstrekken van subsidie voor dit project.

Namens de auteurs:
Juultje Sommers
Daniela Dettling Ihnenfeldt
Rik Gosselink
Peter Spronk
Marike van der Schaaf

Voorwoord

De fysiotherapie speelt een belangrijke rol in het interdisciplinaire team op de intensive care.

Er is steeds meer wetenschappelijk bewijs dat met fysiotherapie de gevolgen van ernstige ziekte, bedrust en inactiviteit voor het bewegend functioneren kunnen worden beperkt en dat dit veilig kan worden uitgevoerd bij intensive care patiënten.

In dit boekje worden de meest recente wetenschappelijke inzichten systematisch samengevat en aangevuld met expertise van intensive care artsen en fysiotherapeuten. Op basis daarvan is een vertaalslag gemaakt naar praktische aanbevelingen voor de dagelijkse praktijk. Deze aanbevelingen zijn van toepassing voor alle intensive care patiënten, ongeacht de diagnose of de ernst van de ziekte. De aanbevelingen hebben betrekking op de veiligheid, het gebruik van klinimetrie en interventies en vormen hiermee de basis voor het evidence-based fysiotherapeutisch handelen.

Achtereenvolgens worden aanbevelingen gegeven voor het diagnostisch proces met de screening op rode vlaggen en het gebruik van meetinstrumenten (▶ H. 2), en het therapeutisch proces (▶ H. 3). De onderbouwing van alle aanbevelingen is te vinden in 'de noten' in ▶ H. 4. Na de literatuurlijst (▶ H. 5) wordt een samenvatting van het evidence statement gepresenteerd in de vorm van werkkaarten, één voor het diagnostisch en één voor het therapeutisch proces (▶ H. 6).

We hopen dat dit boek houvast biedt aan fysiotherapeuten en andere zorgprofessionals die werkzaam zijn op de intensive care en bijdraagt aan de doelmatigheid, eenduidigheid en transparantie van de fysiotherapeutische zorg op intensive care afdelingen.

Wij willen alle leden van de eerste en tweede kringen hartelijk bedanken voor hun bijdragen aan de totstandkoming van dit boek. Ten slotte bedanken we Fonds NutsOhra en de afdeling Revalidatie van het AMC voor het verstrekken van subsidie voor dit project.

Namens de auteurs:
Juultje Sommers
Daniela Dettling Ihnenfeldt
Rik Gosselink
Peter Spronk
Marike van der Schaaf

Inhoud

1	**Inleiding**	1
1.1	De ontwikkeling van het evidence statement voor fysiotherapie op de intensive care	2
1.2	Achtergrond	2
1.3	Fysiotherapie op de IC	3
2	**Diagnostisch proces**	5
2.1	Screening	6
2.2	Anamnese en onderzoek	6
2.2.1	Meetinstrumenten (noot 3)	7
3	**Therapeutisch proces**	13
3.1	Formuleren van behandeldoelen	14
3.2	Behandelplan	14
3.2.1	Behandelplan voor de niet-responsieve patiënt	14
3.2.2	Behandelplan voor de responsieve patiënt	15
3.2.3	Behandelproces en evaluatie	16
3.2.4	Afsluiting van de behandeling	16
4	**Noten**	19
4.1	Noot 1: Mobiliseren en activeren	20
4.2	Noot 2: Veiligheid: 'rode vlaggen'	20
4.2.1	Literatuur	20
4.3	Noot 3: Klinimetrie lichamelijk onderzoek	21
4.3.1	Literatuur	23
4.4	Noot 4: Interventies	23
4.4.1	Literatuur	25
4.5	Noot 5: Trainingsopbouw	25
4.5.1	Literatuur	26
4.6	Noot 6: Parameters	26
4.6.1	Literatuur	26
4.7	Noot 7: Stop-criteria	26
4.7.1	Literatuur	27
4.8	Noot 8: Evalueren interventie	27
4.8.1	Literatuur	28

Bijlage

Lijst met afkortingen	31
Bijlage 2 Methode	35

Bijlage 3 Werkkaart diagnostisch proces... 39

Bijlage 4 Werkkaart therapeutisch proces.. 41

Dankwoord... 43

Literatuur.. 45

Auteurs

De auteurs zijn de volgende projectgroepleden:

Juultje Sommers, MSc fysiotherapeut, uitvoerder, Academisch Medisch Centrum, Amsterdam

Dr. Marike van der Schaaf, senior onderzoeker, projectleider, afdeling Revalidatie, Academisch Medisch Centrum, Amsterdam

Daniela S. Dettling Ihnenfeldt, MSc fysiotherapeut, adviseur, afdeling Revalidatie, Academisch Medisch Centrum, Amsterdam

Prof. dr. R. Gosselink, adviseur, Faculteit Bewegings- en Revalidatiewetenschappen, Universitaire Ziekenhuizen Leuven, Katholieke Universiteit Leuven

Dr. Peter E. Spronk, adviseur, intensivist, Gelre Ziekenhuizen, Apeldoorn

Auteurs

De auteurs zijn de volgende projectgroepleden:

Juultje Sommers, MSc fysiotherapeut, uitvoerder, Academisch Medisch Centrum, Amsterdam

Dr. Marike van der Schaaf, senior onderzoeker, projectleider, afdeling Revalidatie, Academisch Medisch Centrum, Amsterdam

Daniela S. Dettling Ihnenfeldt, MSc fysiotherapeut, adviseur, afdeling Revalidatie, Academisch Medisch Centrum, Amsterdam

Prof. dr. R. Gosselink, adviseur, Faculteit Bewegings- en Revalidatiewetenschappen, Universitaire Ziekenhuizen Leuven, Katholieke Universiteit Leuven

Dr. Peter E. Spronk, adviseur, intensivist, Gelre Ziekenhuizen, Apeldoorn

Inleiding

1.1 De ontwikkeling van het evidence statement voor fysiotherapie op de intensive care – 2

1.2 Achtergrond – 2

1.3 Fysiotherapie op de IC – 3

1.1 De ontwikkeling van het evidence statement voor fysiotherapie op de intensive care

Fysiotherapie op de intensive care (IC) behelst een zeer omvangrijk gebied.

Aangrijpingspunten voor de fysiotherapie liggen voornamelijk bij het voorkómen en behandelen van gevolgen van IC-opname (deconditionering) van functies van het bewegingssysteem en het ademhalingsstelsel. In Nederland wordt de pulmonale zorg van beademde patiënten meestal uitgevoerd door intensivisten en verpleegkundigen. Mede daarom is er in dit evidence statement (ES) voor gekozen alleen aspecten van de fysiotherapeutische behandeling van functies van het bewegingssysteem en activiteiten met betrekking tot mobiliteit te beschrijven.

Dit ES bevat aanbevelingen voor het diagnostisch en therapeutisch proces met betrekking tot de veiligheid, interventies en het gebruik van klinimetrie binnen de International Classification of Functioning, Disability and Health (ICF) (WHO 2001).

Het doel van dit statement is om aanbevelingen met betrekking tot het diagnostisch en therapeutisch proces te verschaffen over:
- het gebruik van veiligheidscriteria voor het mobiliseren en het activeren (noot 1);
- het gebruik van parameters voor het monitoren van de belastbaarheid en veiligheid voorafgaand aan en tijdens de fysiotherapeutische behandeling;
- de keuze van fysiotherapeutische interventies;
- de opbouw van intensiteit van de fysiotherapeutische behandeling;
- het gebruik van klinimetrie.

Dit ES is opgebouwd conform een verkorte versie van de methode voor ontwikkeling, implementatie en bijstelling van KNGF-richtlijnen (Koninklijk Nederlands Genootschap voor Fysiotherapie), zoals beschreven door Van der Wees (2007). De aanbevelingen zijn opgesteld op basis van wetenschappelijke evidentie en op basis van 'best-practice'. Voor het zoeken en beoordelen van de literatuur is gebruikgemaakt van de EBRO-systematiek (evidence-based richtlijnontwikkeling). De geselecteerde artikelen zijn beoordeeld op methodologische kwaliteit en ingedeeld naar de mate van bewijskracht aan de hand van beoordelingsformulieren. Hierbij zijn voor interventiestudies de criteria en indelingen van het Centraal Begeleidingsorgaan (CBO) gebruikt (zie ▶ bijlage 2).

Het wetenschappelijk bewijs is per vraagstelling samengevat en voorgelegd aan de projectgroep, eerste en tweede kring van experts (zie ▶ bijlage 2). De sterkte van aanbevelingen wordt in de noten beschreven.

1.2 Achtergrond

Jaarlijks worden er ongeveer 80.000 patiënten op een van de Nederlandse intensive care afdelingen behandeld.

Hoewel het primaire focus van de IC-geneeskunde altijd gericht is geweest op overleving, is de kwaliteit van overleving in toenemende mate een belangrijke uitkomst van de zorg voor IC-patiënten. Door medische en technische ontwikkelingen is de kans op overleving toegenomen, maar worden meer patiënten van de IC ontslagen met langdurige restverschijnselen en functionele beperkingen (Dowdy 2006; Herridge 2011; Schaaf 2009). Deze restverschijnselen zijn het gevolg van bedrust, inactiviteit en van de ernstige ziekte waarvoor de patiënt op de IC werd opgenomen.

In verschillende studies worden spierzwakte, pijn, cognitieve stoornissen, delirium, angst, depressie en posttraumatische stressstoornissen genoemd als directe gevolgen van de kritieke ziekte (critical illness) (Herridge 2011; Needham 2012).

Op de IC verworven spierzwakte is een van de meest in het oog springende gevolgen van critical illness, en tevens een van de belangrijkste aangrijpingspunten voor de fysiotherapie. De oorzaak van deze spierzwakte kan zowel in de spier (critical illness polymyopathy) als in de zenuw (critical illness polyneuropathy) liggen. Omdat deze aandoeningen vaak tegelijk voorkomen en moeilijk zijn te differentiëren, wordt de term 'intensive care unit-acquired weakness' (ICU-AW) gebruikt. De voornaamste risicofactoren zijn sepsis, systemisch inflammatoir responssyndroom (SIRS), multiorgaanfalen (MOF), immobilisatie en hyperglykemie (Groeneveld 2012). Deze spierzwakte heeft nadelige gevolgen voor het ontwennen van de beademing en het herstel op korte en lange termijn. De in de literatuur gerapporteerde incidentie van ICU-AW varieert, afhankelijk van de bestudeerde populatie, van 60% bij patiënten met 'acute respiratory distress syndrome' (ARDS) tot 100% bij patiënten met het SIRS in combinatie met MOF.

Er is steeds meer bewijs dat het zoveel mogelijk bekorten van bedrust en inactiviteit door het vroegtijdig mobiliseren in de stoel en activeren op de IC, veelbelovende interventies zijn om de gevolgen van bedrust, inactiviteit en critical illness te voorkómen en te verminderen (Bourdin 2010; Burtin 2009; Gerovasili 2009; Schweickert 2009; Needham 2008).

1.3 Fysiotherapie op de IC

Fysiotherapie is de paramedische discipline die zich bezighoudt met de preventie en de behandeling van de gevolgen van bedrust en inactiviteit bij critical illness voor het bewegend functioneren en speelt daarom een belangrijke rol in het multidisciplinaire behandelteam (Grill 2011; Eeuwes 2010).

De fysiotherapeutische behandeling vindt plaats na verwijzing van een medisch specialist.

Diagnostisch proces

2.1 Screening – 6

2.2 Anamnese en onderzoek – 6
2.2.1 Meetinstrumenten (noot 3) – 7

2.1 Screening

De fysiotherapeut screent de IC-patiënt op de aanwezigheid van fysiotherapeutische aangrijpingspunten. Indien er een fysiotherapeutische indicatie is, wordt er dagelijks gescreend op rode vlaggen (zie ◘ tabel 2.1) (noot 2), veranderingen in fysiek functioneren (noot 3) en responsiviteit (noot 3).

Met het dagelijkse screeningsproces worden de potentiële risico's aan de ene kant en winst van de fysiotherapeutische interventie aan de andere kant tegen elkaar afgewogen. De belastbaarheid van de patiënt, waaronder de hemodynamische stabiliteit, cardiorespiratoire reserve en responsiviteit, die op de IC sterk kan variëren, wordt bij deze afweging binnen het klinisch redeneren meegenomen.

Op basis van de bevindingen uit het diagnostisch proces worden fysiotherapeutische behandeldoelen opgesteld.

2.2 Anamnese en onderzoek

Anamnese:
- algemene gegevens
- medische gegevens
- sociale anamnese
- niveau van functioneren vóór opname

Onderzoek:
Inspectie:
- voedingstoestand (o.a. mager, geatrofieerd, adipositas)
- medische applicaties (o.a. beademing, katheter, infusen, drains, stoma, nier vervangende therapie)
- andere bijzonderheden (o.a. isolatie, barrière, fixatie)
- bewegingsapparaat (o.a. oedeem, spieratrofie, deformiteiten)
- huid (o.a. drukplekken, decubitus, wonden)

Lichamelijk onderzoek (noot 3):
Functies:
- responsiviteit (bewustzijn en coöperatie)
- gewrichtsmobiliteit
- spierkracht
- spiertonus
- sensibiliteit
- balans

Activiteiten
- functionele status (transfers in en uit bed, lopen)

2.2 · Anamnese en onderzoek

Tabel 2.1 Rode vlaggen voor het mobiliseren uit bed en actieve fysiotherapie bij een intensive care patiënt.

parameters (niveau 1)	criteria
hartslag	recent myocardischemie hartfrequentie < 40/min en > 130/min
bloeddruk	MAP < 60 mmHg en > 110 mmHg
saturatie	≤ 90%
beademingsparameters	fractie ingeademde zuurstof (FiO$_2$) ≥ 0,6 (60%) PEEP ≥ 10 cm H$_2$O
ademhalingsfrequentie	> 40 ademhalingen/min
bewustzijnsniveau van patiënt	RASS-score: –4, –5, 3, 4
dosis inotropica	dopamine ≥ 10 mcg/kg/min nor/adrenaline ≥ 0,1 mcg/kg/min
temperatuur	≥ 38,5 graden Celsius ≤ 36 graden Celsius
neurologisch instabiel	ICP ≥ 20 cmH$_2$O
overige aspecten (niveau 3 en 4)	**kenmerken**
klinische blik	zweten afwijkende gelaatskleur pijn vermoeidheid
chirurgische contra-indicaties	o.a. instbiele fracturen, botlap, open buik/thorax
aanwezigheid van lijnen die mobilisatie onveilig maken	

MAP = mean arterial blood pressure; PEEP = positive end expiratory pressure; RASS = Richmond Agitatie en Sedatie Schaal; ICP = intracraniële druk.
De criteria in de tabel gelden als (relatieve) contra-indicaties voor het mobiliseren uit bed en actieve fysiotherapie van een intensive care patiënt. Voor het mobiliseren uit bed en het activeren van een patiënt die voldoet aan een van de criteria dient vooraf overleg plaats te vinden met de IC-verpleegkundige en/of intensivist.

2.2.1 Meetinstrumenten (noot 3)

Responsiviteit van de patiënt (noot 3)

De responsiviteit geeft de mate van bewustzijn en de coöperatie (het kunnen reageren op een opdracht) van de patiënt aan.

De mate van bewustzijn wordt gemeten met de RASS-score, de mate van coöperatie met de S5Q-score (tabel 2.2).

- RASS: De Richmond Agitatie en Sedatie schaal (◻ tabel 2.2)

◻ **Tabel 2.2** De Richmond Agitatie en Sedatie schaal (RASS).

score	begrip	beschrijving	
+4	strijdlustig	oppositioneel/vijandig, gewelddadig, direct gevaar voor personeel	
+3	erg geagiteerd	trekt aan of verwijdert katheter(s) of tube(s); agressief	
+2	geagiteerd	regelmatig niet-doelgerichte bewegingen, afwerende reacties	
+1	onrustig	angstig maar beweeglijkheid is niet agressief krachtig	
0	alert en kalm		
−1	slaperig	niet volledig alert, maar is in staat wakker te blijven (ogen open/oogcontact) bij stemgeluid (≥ 10 seconden)	verbale stimulatie
−2	lichte sedatie	kort wakker met oogcontact bij stemgeluid (< 10 seconden)	
−3	matige sedatie	beweging of ogen open bij stemgeluid (geen oogcontact)	
−4	diepe sedatie	geen reactie op stemgeluid, maar wel beweging en ogen open bij lichamelijke prikkeling	lichamelijke stimulatie
−5	niet wekbaar	geen reactie op stemgeluid of lichamelijke prikkeling	

Het vaststellen van de mate van bewustzijn volgens de RASS:
1. Observeer patiënt:
   - patiënt is alert, rusteloos of geagiteerd (score 0 tot +4).
2. Bij een niet alerte patiënt, noem de naam van de patiënt en zeg hem zijn ogen te openen en je aan te kijken
   - patiënt wordt wakker en blijft zijn ogen geopend houden en maakt oogcontact (score −1);
   - patiënt wordt wakker en maakt oogcontact, maar niet blijvend (score −2);
   - patiënt maakt enige bewegingen om te reageren, maar maakt geen oogcontact (score −3).
3. Bij geen respons op verbale stimulatie, stimuleer de patiënt dan lichamelijk door aan zijn schouders te schudden of over zijn borstbeen te wrijven
   - patiënt maakt enige beweging na lichamelijke stimulatie (score −4);
   - patiënt geeft op geen enkele stimulatie een respons (score −5).

- S5Q: Standardized 5 questions (◘ tabel 2.3)

◘ **Tabel 2.3** De S5Q voor het bepalen van de coöperatie van de patiënt.

gestandaardiseerde vragen om de mate van coöperatie vast te stellen	uitkomst	
Open en sluit je ogen	ja	nee
Kijk naar mij	ja	nee
Open je mond en steek je tong uit	ja	nee
Knik ja en nee (schud met je hoofd)	ja	nee
Ik tel tot 5, frons daarna de wenkbrauwen	ja	nee
Totaalscore Voor iedere correcte reactie/uitvoering wordt 1 punt toegekend		
Score < 3: niet coöperatief; score ≥ 3: enige medewerking mogelijk; score 5: volledige coöperatie.		

Gewrichtsmobiliteit
- Range of motion (ROM) (noot 3)
  Meten met behulp van goniometer volgens de nul doorgangsmethode van de passieve/actieve range of motion (PROM of AROM) van de grote gewrichten: schouder, elleboog, pols, heup, knie en enkel.

Spierkracht
- Medical Research Council (MRC-)somscore (noot 3) (◘ tabel 2.4)
- MRC

Spiertonus
- Modified Ashworth Scale (MAS) (noot 3) (◘ tabel 2.5)
  De Modified Ashworth Scale (MAS) evalueert stijfheid (weerstand) bij het passief bewegen van zowel de elleboog als van de knie.
  In de bovenste extremiteit wordt de weerstand tegen passief bewegen in de extensoren en de flexoren van de elleboog onderzocht. In de onderste extremiteit wordt de weerstand tegen passief bewegen in de extensoren en de flexoren van de knie onderzocht. De passieve bewegingen worden manueel uitgevoerd. Er is geen extra materiaal nodig.

Sensibiliteit
- (Modified) Nottingham Sensory Assessment (NSA) (noot 3) (◘ tabel 2.6)
  De somatosensoriek wordt getest door twee testitems van de Nottingham Sensory Assessment (NSA) af te nemen, namelijk 1) de tastzin (vitale sensibiliteit) en 2) de propriocepsis (gnostische sensibiliteit).
  De test evalueert de somatosensoriek van zowel de bovenste als de onderste extremiteit.

Tabel 2.4 MRC-somscore

spiergroep	kracht links	kracht rechts
abductie van de bovenarm		
flexie elleboog		
dorsaalflexie pols		
flexie heup		
extensie knie		
dorsaalflexie voet		
subtotaal		
totale somscore* somscore 0-60 (optellen van alle uitkomsten van rechter en linker zijde; zie voor scores tabel MRC hierna* (< 48 = zwakte))		

score	beweging
0	geen zichtbare of voelbare contractie
1	zichtbare of voelbare contractie zonder beweging
2	beweging is mogelijk met uitschakeling van zwaartekracht
3	beweging is mogelijk tegen zwaartekracht
4	beweging is mogelijk tegen zwaartekracht en weerstand, doch submaximaal
5	beweging is mogelijk tegen grote weerstand; normale kracht

* In de tabel genoemde spiergroepen (rechts en links) meten volgens MRC.
Gebruik handheld dynamometer en/of handknijpkracht (Jamar) vanaf spierkracht MRC 3 (noot 3).

Tabel 2.5 Modofied Ashworth Scale (MAS).

score	omschrijving
0	*Geen verhoogde spiertonus.*
1	*Gering verhoogde spiertonus*, die zich manifesteert bij snelle, plotselinge rek, waarna de beweging verder ontspannen verloopt, of die optreedt als een minimale weerstand aan het einde van de beweging.
1+	*Gering verhoogde spiertonus*, die zich manifesteert bij snelle, plotselinge rek en daarna als geringe weerstand voelbaar blijft (over minder dan 50% van de ROM).
2	*Meer uitgesproken verhoogde spiertonus*, gedurende het grootste deel van de ROM, maar het bewegende lichaamsdeel beweegt vrij gemakkelijk.
3	*Aanzienlijk verhoogde spiertonus*, het passief bewegen is moeilijk uitvoerbaar.
4	*Niet te bewegen*, het betreffende lichaamsdeel is stijf.

2.2 · Anamnese en onderzoek

Tabel 2.6 Scoreformulier (Modified) Nottingham Sensory Assessment.

tastzin							propriocepsis		
	lichte aanraking		druk		speldenprik				
	rechts	links	rechts	links	rechts	links		rechts	links
vingers							vingers		
hand							pols		
onderarm							elleboog		
bovenarm							schouder		
tenen							tenen		
voet							enkel		
onderbeen							knie		
bovenbeen							heup		

Scores voor de tastzin

score	beweging
0	*Afwezig*. Patiënt voelt géén van de drie aanrakingen op het betreffende lichaamsdeel.
1	*Gestoord*. Patiënt voelt minder dan drie aanrakingen op het betreffende lichaamsdeel.
2	*Intact*. Patiënt voelt alle drie de aanrakingen.

Scores voor de propriocepsis

score	beweging
0	*Afwezig*. Patiënt neemt geen beweging waar.
1	*Waarneming*. Patiënt neemt alle drie de keren beweging waar, maar niet de juiste bewegingsrichting.
2	*Intact*. Patiënt neemt alle drie de keren de juiste bewegingsrichting waar.

Functionele status

— De Morton Mobility Index (DEMMI) (noot 3) (◼ figuur 2.1)

De Morton Mobility Index (DEMMI)

betrokkene kan:	0	1	2	makkelijkst ↑
bed				
1. bruggetje maken	☐ niet	☐ wel		zonder steun zitten
2. op de zij rollen	☐ niet	☐ wel		
3. van lig tot zit komen	☐ niet	☐ min. hulp	☐ zelfstandig	bruggetje maken
stoel				
4. zonder steun in stoel zitten	☐ niet	☐ 10 sec		zonder steun staan
5. uit stoel opstaan	☐ niet	☐ min hulp/ onder toezicht	☐ zelfstandig	
6. uit stoel opstaan zonder armen te gebruiken	☐ niet	☐ wel		uit stoel opstaan
statische balans (zonder loophulpmiddel)				omrollen
7. zonder steun staan	☐ niet	☐ 10 sec		van lig tot zit komen
8. met de voeten naast elkaar staan	☐ niet	☐ 10 sec		
9. op de tenen staan	☐ niet	☐ 10 sec		met voeten naast elkaar staan
10. staan met de ene voet voor de andere en de ogen dicht	☐ niet	☐ 10 sec		
lopen				pen van grond oprapen
11. loopafstand met/zonder loophulpmiddel omcirkel loophulpmiddel: geen/looprek/rollator/stok/overig	☐ niet ☐ 5 meter	☐ 10 meter ☐ 20 meter	☐ 50 meter	achteruit lopen afstand lopen
12. zelfstandig lopen	☐ niet ☐ min. hulp /onder toezicht	☐ zelfstandig met loophulp- middel	☐ zelfstandig zonder loop- hulpmiddel	opstaan zonder armgebruik
dynamische balans (zonder loophulpmiddel)				zelfstandig lopen
13. pen van grond oprapen	☐ niet	☐ wel		
14. vier passen achteruit lopen	☐ niet	☐ wel		springen
15. springen	☐ niet	☐ wel		op tenen staan
totaalscore per kolom	0	aantal items x 1 =	aantal items x 2 =	staan met ene voet voor andere en ogen dicht
		ruwe totaalscore (som van totaalscores per kolom)	/ 19	
		DEMMI-score (MDC$_{90}$ = 9 punten; MCID = 10 punten)	/ 100	moeilijkst ↓

omrekentabel van ruwe score naar DEMMI-score

ruwe score	0	1	2	3	4	5	6	7	8	9	10	11	12	13	14	15	16	17	18	19
DEMMI-score	0	8	15	20	24	27	30	33	36	39	41	44	48	53	57	62	67	74	85	100

patiënt:
geboortedatum:
datum test:
afgenomen door:
afnameduur: .... minuten

niet-uitgevoerde items en reden waarom:

overige opmerkingen:

◼ **Figuur 2.1** De Morton Mobility Index.

Therapeutisch proces

3.1 **Formuleren van behandeldoelen – 14**

3.2 **Behandelplan – 14**
3.2.1 Behandelplan voor de niet-responsieve patiënt – 14
3.2.2 Behandelplan voor de responsieve patiënt – 15
3.2.3 Behandelproces en evaluatie – 16
3.2.4 Afsluiting van de behandeling – 16

3.1 Formuleren van behandeldoelen

Het algemene doel van de behandeling is op een veilige manier vroegtijdig te starten met het mobiliseren en activeren van de IC-patiënt, om de gevolgen van bedrust en inactiviteit bij ernstige ziekte voor het bewegend functioneren te beperken.

Op basis van de bevindingen vanuit het diagnostisch proces kunnen specifieke behandeldoelen binnen de ICF worden gesteld.

Behandeldoelen gericht op anatomische eigenschappen:
- verminderen van oedeem in de extremiteiten.

Behandeldoelen gericht op functies:
- optimaliseren en onderhouden van de ROM;
- optimaliseren en onderhouden van de spierkracht;
- voorkómen van spieratrofie;
- normaliseren van de spiertonus;
- optimaliseren en onderhouden van het spieruithoudingsvermogen;
- optimaliseren van de inspanningstolerantie.

Behandeldoelen gericht op activiteiten:
- optimaliseren en handhaven van lichaamshouding (lig, zit, stand);
- optimaliseren en onderhouden van de transfers;
- optimaliseren en onderhouden van het lopen.

3.2 Behandelplan

De keuze van de therapie in het behandelplan is mede afhankelijk van de responsiviteit van de patiënt. De intensiteit wordt bepaald op basis van de belastbaarheid van de patiënt.

3.2.1 Behandelplan voor de niet-responsieve patiënt

Bij een niet-responsieve IC-patiënt zal de therapie op passieve wijze plaatsvinden (zie ▶ bijlage 4) (noot 4).

Anatomische eigenschappen:
- Om oedeem te verminderen zijn houdingscontrole en positionering zinvol.

Functies:
- Ter preventie van contractuurvorming en voor tonusregulatie zijn houdingsadviezen en kortdurend (5× per gewricht) passief bewegen van gewrichten zinvol. Bovendien kan het gebruik van spalken worden overwogen bij patiënten met een verhoogd risico op contracturen (trauma, brandwonden, neurologisch letsel).

- Bij bestaande of dreigende contractuurvorming is het dagelijks minimaal 20 minuten stretchen of doorbewegen eventueel met gebruik van continuous passive motion (CPM) van de spieren noodzakelijk om de range of motion te verbeteren.
- Ter preventie van spieratrofie en voor het verbeteren van de spierkracht is het gebruik van CPM en het passief fietsen zinvol. Het geven van elektromusculaire stimulatie (EMS) kan worden overwogen. Er is geen eenduidigheid ten aanzien van de opbouw van de trainingsparameters van EMS.

Activiteiten:
- Passief fietsen verbetert de functionele status.

3.2.2 Behandelplan voor de responsieve patiënt

Bij een responsieve IC-patiënt vindt de therapie zo actief en functioneel mogelijk plaats (zie ▶ bijlage 4) (noot 4).

Anatomische eigenschappen:
- Ter vermindering van oedeem kan naast houdingscontrole (extremiteiten positioneren) actief worden geoefend met de extremiteiten.
- Verbetering van het cardiorespiratoire systeem vindt plaats door middel van het mobiliseren uit bed.

Functies:
- Ter preventie van contractuurvorming en voor tonusregulatie is actieve oefentherapie zinvol.
- Ter preventie van spieratrofie en voor het verbeteren van de spierkracht is het zinvol om minimaal 20 minuten per dag (geleid) actieve oefentherapie en/of (geleid) actief fietsen en/of CPM toe te passen.
- Toename van de inspanningstolerantie en het spieruithoudingsvermogen wordt bereikt met het mobiliseren op de rand van het bed/in de stoel, (geleid) actief fietsen, actieve oefentherapie en ADL-training.

Activiteiten:
- Verbetering van de functionele status vindt plaats door dagelijks minimaal 20 minuten (geleid) actieve oefentherapie, (geleid) actief fietsen en activiteiten van het dagelijkse leven (ADL)-training toe te passen.
- Verbetering van de (lig-, zit- en sta-)balans wordt bereikt met actieve oefentherapie en ADL-training.
- Verbetering van de sta- en loopfunctie vindt plaats door middel van ADL-training.

Overige:
- Bekorting van de opnameduur op de IC en in het ziekenhuis kan worden gerealiseerd door dagelijkse actieve oefentherapie, ADL-training en mobiliseren in de stoel.

Trainingsopbouw

Er is onvoldoende bewijs om aanbevelingen te geven voor de trainingsopbouw bij IC-patiënten. Een vertaling van inspanningsfysiologie bij gezonde personen naar die bij ernstig zieke IC-patiënten is niet mogelijk. Daarnaast zijn trainingsparameters, zoals de hartfrequentie, hartslagreserve en maximale zuurstof opname (VO_2max) niet betrouwbaar voor het bepalen van de trainingsintensiteit van een IC-patiënt.

Experts adviseren om tijdens de oefentherapie de veranderingen van veiligheidsparameters (noot 2) te monitoren en te evalueren. Op basis van deze gegevens kan de oefentherapie geëvalueerd en zo nodig aangepast worden wat betreft de frequentie van de behandeling, het aantal herhalingen, sets en de duur van de activiteit.

Experts adviseren de volgende trainingsopbouw bij IC-patiënten (zie ◘ tabel 3.1) (noot 5):

Stap 1: Duur opbouwen:
- opvoeren van aantal herhalingen naar 10;
- opbouwen van duur: intervaltraining opbouwen naar 20 min (4 min actief, pauze 30 à 60 sec: herhaling 5×).

Stap 2: Series uitbreiden:
- van één serie naar drie series.

Stap 3: Intensiteit verhogen:
- verhogen van borgscore van 11 naar 13.

Stap 4: Frequentie ophogen:
- van dagelijkse therapie naar 2× therapie per dag.

3.2.3 Behandelproces en evaluatie

Om de veiligheid te garanderen dienen, onafhankelijk van de responsiviteit van de patiënt, gedurende iedere behandeling de veiligheidsparameters te worden gemonitord en geëvalueerd (noot 6).

De interventie dient te worden gestopt wanneer het cardiorespiratoire systeem van een IC-patiënt overbelast dreigt te worden (noot 7).

Om de mate van inspanning te monitoren en te evalueren kunnen de duur, het aantal herhalingen en de borgscore worden gebruikt (noot 5).

Evalueer iedere behandeling op basis van bevindingen uit het diagnostisch en het therapeutisch proces (noot 8).

3.2.4 Afsluiting van de behandeling

Beschrijf dagelijks in de verslaglegging het resultaat van de behandeling en veranderingen in de functionele status. Evalueer de behandeling bij ontslag van de IC met de daarbij behorende klinimetrie:

ROM, MRC-(som)score, handheld dynamometer, handknijpkracht en DEMMI.

3.2 · Behandelplan

Tabel 3.1 Interventies die worden aanbevolen ter verbetering van het bewegend functioneren.

passieve interventies	trainingsvariabelen
passief bewegen (niveau 2)	duur: – herhalingen: 5 per gewricht – serie: 1 set frequentie: 1× per dag
stretchen (niveau 2)	duur: 20 minuten frequentie: 1× per dag
fietsen (bed of stoel) (niveau 2)	duur: 20 minuten frequentie: 1× per dag
elektromusculaire stimulatie (EMS) (niveau 1 en 2)	deze parameters worden vaak toegepast:* – duur: 60 minuten – intensiteit: 45 Hz – frequentie: 1× per dag
continuous passive motion (CPM) (niveau 2)	duur: 3 uur frequentie: 3× per dag
spalken (niveau 4)	duur: 2 uur op en 2 uur af
actieve interventies	**trainingsvariabelen**
oefentherapie (niveau 4)	intensiteit: – borgscore 11-13 duur: – herhalingen: 8-10 herhalingen – series: 3 sets frequentie: 1 à 2× per dag
	opbouw: – stap 1: duur opbouwen: 　- herhalingen opvoeren naar 10 – stap 2: series uitbreiden: 　- van 1 serie naar 3 series – stap 3: intensiteit verhogen: 　- van borgscore 11 naar 13 – stap 4: frequentie ophogen: 　- van 1× daagse naar 2× daagse therapie
activiteiten van het dagelijks leven (ADL-)training (niveau 3)	balans, staan, lopen
mobilisatie uit bed (niveau 2)	duur: 20 minuten frequentie: 1-3 × per dag opbouw: mobilisatieduur uitbreiden
fietsen (bed of stoel) (niveau 2)	duur: 20 minuten opbouw: intervaltraining richting 20 min opbouwen

* Bij niet-responsieve patiënten kan EMS worden overwogen. Er is geen eenduidigheid ten aanzien van de invulling en opbouw van de trainingsparameters van EMS.

Noten

4.1	Noot 1: Mobiliseren en activeren – 20	
4.2	Noot 2: Veiligheid: 'rode vlaggen' – 20	
4.2.1	Literatuur – 20	
4.3	Noot 3: Klinimetrie lichamelijk onderzoek – 21	
4.3.1	Literatuur – 23	
4.4	Noot 4: Interventies – 23	
4.4.1	Literatuur – 25	
4.5	Noot 5: Trainingsopbouw – 25	
4.5.1	Literatuur – 26	
4.6	Noot 6: Parameters – 26	
4.6.1	Literatuur – 26	
4.7	Noot 7: Stop-criteria – 26	
4.7.1	Literatuur – 27	
4.8	Noot 8: Evalueren interventie – 27	
4.8.1	Literatuur – 28	

4.1 Noot 1: Mobiliseren en activeren

Binnen de IC-literatuur wordt met de term 'mobiliseren' vaak het proces van verplaatsen uit bed bedoeld.

Het evidence statement sluit aan bij de definities van het internationale mobilisatienetwerk (► www.mobilization-network.org) zoals beschreven in de 'ICU Activity Codes and Definitions' (15 augustus, 2012). In ◘ Tabel 4.1 worden de activiteiten beschreven bij de verschillende vormen van mobilisatie bij IC-patiënten.

◘ **Tabel 4.1** De verschillende mobilisatievormen bij IC-patiënten.

vorm	definitie
mobiliseren in bed (zithouding)	verticalisatie in 70-90° met bed in stoelhouding
mobiliseren op de rand van het bed	zitten op rand van bed (mag met ondersteuning)
mobiliseren in stoel zonder te staan	transfer bed-stoel (zonder te staan) met behulp van tillift, slide of tillen
mobiliseren in stoel via stand met behulp van opstahulp	transfer bed-stoel via stand (in staat om gewicht te dragen op beide benen) met behulp van opstahulp en ondersteuning van 1-2 personen
mobiliseren in stoel via stand	transfer bed-stoel via stand (in staat om te stappen of te schuiven) al dan niet met gebruik van loophulpmiddel en ondersteuning van 1-2 personen
lopen	lopen (minimaal 4 stappen; 2 met elke voet) al dan niet met loophulpmiddel en begeleiding

4.2 Noot 2: Veiligheid: 'rode vlaggen'

— Sterkte van aanbeveling: matig sterk.
— De criteria in de aanbeveling (► bijlage 3) hebben een bewijskracht van niveau 1 en 2.
— De criteria die worden aanbevolen zijn van belang voor het beoordelen van de hemodynamische stabiliteit, de cardiorespiratoire reserve en het bewustzijnsniveau om een IC-patiënt veilig uit bed te kunnen mobiliseren en/of actief te kunnen activeren.

4.2.1 Literatuur

Adler 2012: niveau A1, Schweickert 2009: niveau A2, Burtin 2009: niveau B, Bourdin 2010: niveau C, Morris 2008: niveau C, Bailey 2007: niveau C, Brimioulle 1997: niveau C, Kasotakis 2012: niveau C, Hanekom 2011: niveau D, Nordon-Craft 2012: niveau D, Stiller 2003: niveau D, Kress 2009: niveau D, Leditschke 2012: niveau B, Needham 2010: niveau B, Balas 2014: niveau B, Damluji 2013: niveau C, Mah 2013: niveau B, Olkowski 2013: niveau C, Perme 2013: niveau B, Roth 2013: niveau B, Sricharoenchai 2014: niveau B, Wilcox 2013, niveau D, Rod 2013: niveau D.

4.3 Noot 3: Klinimetrie lichamelijk onderzoek

- **Responsiviteit**
- Sterkte van aanbeveling: matig sterk.
- De aanbevelingen voor het meten van de responsiviteit hebben een bewijskracht van niveau 1 en 4.
- Responsiviteit geeft de mate van bewustzijn en het kunnen reageren op een opdracht van de patiënt aan.
- Hierbij dient een onderscheid te worden gemaakt tussen coöperatieve of niet-coöperatieve reactie.
- De volgende klinimetrie is aan te bevelen voor het bepalen van de responsiviteit van de IC-patiënt.
    - De mate van bewustzijn wordt gemeten met de RASS-score (niveau 1).
    - De mate van coöperatie wordt gemeten met de S5Q-score (niveau 4).

- **Gewrichtsmobiliteit**
- Sterkte van aanbeveling: zwak.
- De aanbeveling voor het meten van de gewrichtsmobiliteit heeft een bewijskracht van niveau 4.
- Hierin wordt aangegeven dat het risico op het ontstaan van contracturen toeneemt indien de ROM niet in de eerste week van IC-opname wordt beoordeeld.
- Meten met behulp van goniometer volgens de neutrale nulmethode P(passieve)ROM of A (actieve) ROM van de grote gewrichten: schouder, elleboog, pols, heup, knie en enkel.

- **Spierkracht**
- Sterkte van aanbeveling: matig sterk.
- De aanbeveling waarop de keuze voor het meten van de spierkracht is gebaseerd heeft een bewijskracht van niveau 2.
- Het meten van de spierkracht op de IC is betrouwbaar (niveau 2).
- De volgende klinimetrie is aan te bevelen om de spierkracht te meten bij IC-patiënten:
- Bewegingsapparaat:
    - manuele spierkrachtmeting (MMT): MRC-(som)score;
    - handheld dynamometer of handknijpkracht (Jamar) vanaf spierkracht MRC 3.

- **Spiertonus**
- Sterkte van aanbeveling: zwak
- De aanbeveling voor het meten van de spiertonus heeft een bewijskracht van niveau 4.
- In de literatuur is geen consensus over de te gebruiken klinimetrie voor het meten van spiertonus bij IC-patiënten. Voor patiënten met hersenletsel wordt de Modified Ashworth Scale (MAS) aanbevolen om de weerstand tegen passief bewegen te meten (KNGF-richtlijn *Beroerte*, 2004).
- De Modified Ashworth Scale (MAS) kan worden gebruikt voor het beoordelen van spiertonus bij een IC-patiënt op de intensive care.

- **Sensibiliteit**
— Sterkte van aanbeveling: zwak
— De aanbeveling voor het meten van de sensibiliteit heeft een bewijskracht van niveau 4.
— In de literatuur is geen consensus over de te gebruiken klinimetrie voor het meten van de sensibiliteit, coördinatie en propriocepsis bij IC-patiënten. Alleen Burtin (2009) geeft aan dat de verbetering van fysiek functioneren op de verpleegafdeling mogelijk wordt beïnvloed door verbetering van de spiercoördinatie door dagelijks 20 minuten fietsen.
— Voor patiënten met hersenletsel wordt de (Modified) Nottingham Sensory Assessment (NSA) aanbevolen om de sensibiliteit en de propriocepsis te meten (KNGF-richtlijn Beroerte, 2004).
— De (Modified) Nottingham Sensory Assessment (NSA) kan worden gebruikt voor het beoordelen van sensibiliteit, coördinatie en propriocepsis bij een IC-patiënt op de intensive care.

- **Balans**

Deze functie wordt als onderdeel van de De Morton Mobility Index (DEMMI) geëvalueerd. Zie noot 3 Functionele status.

- **Functionele status**
— Sterkte van aanbeveling: zwak
— De aanbeveling heeft een bewijskracht van niveau 4.
— In de literatuur is geen consensus over de te gebruiken klinimetrie op het niveau van activiteiten bij IC-patiënten. Daarbij zijn vele meetinstrumenten nog niet betrouwbaar en gevalideerd voor de IC-populatie.
— Vele meetinstrumenten hebben een vloer of een plafondeffect, waardoor ze niet goed toepasbaar zijn op de IC. In de literatuur worden deze meetinstrumenten vaak pas na ontslag van de IC ingezet.
— Met de DEMMI worden kleine maar klinisch relevante veranderingen bij oudere patiënten tijdens ziekenhuisopname gemeten. De DEMMI is bruikbaar vanaf een laag ingangsniveau, heeft geen plafondeffect en behoeft weinig materiaal en tijd voor de uitvoering. De DEMMI bevat items vanuit de berg balansschaal (BBS), barthelindex (BI) en de Functional Independence Measure (FIM). Experts adviseren de DEMMI boven de Functional Status Score for ICU (FSS-ICU) voor het meten van activiteiten bij IC-patiënten, omdat deze is getest op betrouwbaarheid en validiteit in de klinische setting (al is dat alleen gedaan bij oudere patiënten en niet bij de IC-populatie).
— De volgende klinimetrie kan worden gebruikt voor de beoordeling van activiteiten van een IC-patiënt op de intensive care.
    — DE Morton Mobility Index (DEMMI).

4.3.1 Literatuur

Responsiviteit:
Sessler 2002: niveau betrouwbaarheidsstudie, Ely 2003: niveau B, Adler 2012: niveau A1, Gosselink 2008, 2011: niveau D, Robinson 2013: niveau A1.

Gewrichtsmobiliteit:
Ryf 1999: niveau D, Clavet 2008, 2011: niveau C, Gosselink 2008, 2011: niveau D.

Spierkracht:
Nordon-Craft 2012: niveau D, Fan 2010: niveau betrouwbaarheidsstudie, Hermans 2012: niveau betrouwbaarheidsstudie, Vanpee 2011: niveau: betrouwbaarheidsstudie, Vanpee 2014: niveau A1, Baldwin 2013: niveau betrouwbaarheidsstudie.

Spiertonus:
KNGF-richtlijn *Beroerte* 2004: niveau richtlijn, Bohannon 1987: niveau betrouwbaarheidsstudie.

Sensibiliteit:
KNGF-richtlijn *Beroerte* 2004: niveau richtlijn, Lincoln 1998: niveau betrouwbaarheidsstudie.

Functionele status:
NICE: niveau guideline, Adler 2012: niveau A1, Nordon-Craft 2012: niveau D, Thomas 2009 en 2011: niveau A2, Burtin 2009: niveau B, Kasotakis 2012: niveau C, Winkelman 2012: niveau B, Zanni 2010: niveau C, Gosselink 2008: niveau D, Gosselink 2011: niveau D, De Morton 2008: niveau betrouwbaarheidsstudie, Denehy 2013: niveau betrouwbaarheidsstudie, Tipping 2012: niveau D, Hodgson 2014: niveau D, Trush 2012: niveau B.

4.4 Noot 4: Interventies

- Sterkte van aanbeveling: zwak
- De aanbevelingen voor de fysiotherapeutische behandeling zijn gebaseerd op literatuur van niveau 1, 2 en 3 en meningen van experts.
- De effecten van fysiotherapeutische interventies op het bewegend functioneren van intensive care patiënten zijn gebaseerd op conclusies van bewijskracht niveau 1, 2 en 3 (zie ◘ Tabel 4.2).
- Effecten op het niveau van anatomische eigenschappen, zoals preventie van eiwitverlies en toename van ontstekingsremmers, kunnen worden behaald door de spieren minimaal 20 minuten actief of passief te oefenen of CPM te gebruiken.
- Deze effecten zijn niet opgenomen in de aanbeveling, aangezien ze geen direct fysiotherapeutisch doel nastreven.

◘ **Tabel 4.2** De effecten van fysiotherapeutische interventies op het bewegend functioneren van intensive care patiënten volgens het model van de ICF.

interventie	effect op het niveau van anatomische eigenschappen	uitkomstmaat	auteur jaar (niveau van bewijs)	niveau bewijskracht
mobiliseren in stoel	↑ ademfrequentie, ↑ saturatie, ↑ respiratoire reserve, ↑ hartfrequentie, ↑ bloeddruk/MAP, ↑ Ve, Vt, fr, Vt/T1	respiratoire en hemodynamische parameters en bloedwaarden	Genc 2012 (B), Stiller 2004 (C), Zafiropoulos 2004 (C)	2 en 3
oefentherapie (passief en actief) ADL-training (mobilisatieprotocol)	↑ Il-10 anti-inflammatoire cytokine	bloedwaarden	Winkelman 2012 (B)	2
CPM	minder verlies eiwitten ↑ wet weight/magnesium DNA	spierbiopt	Griffths 1995 (B), Amidei 2013 (B)	2
stretchen	↑ ROM	passieve knie-extensietest	Reid 2004 (B)	2
EMS	↑ spierdikte, ↑ microcirculatie, ↑ zuurstofconsumptie, ↑ reperfusie, ↓ spieratrofie	utrasound, NIRS, omtrek bovenbeen	Gruther 2010 (A2), Gerovasili 2009 (B), Meesen 2010 (B), Angelopoulos 2013 (B), Hirose 2013 (B)	1 en 2
	effect op het niveau van functies			
mobiliseren in stoel	↑ Vt, ↑ inspiratoire en expiratoire spierkracht	MIP, MEP, Vt	Chang 2011 (B)	2
immobilisatie	↑ beperking in ROM	graden meten van ROM	Clavet 2008 en 2011 (C)	3
fietsen	↑ quadricepskracht bij ontslag ziekenhuis	HHD-isometrische quadricepskracht	Burtin 2009 (B)	2
EMS	↑ spierkracht (voorkómen CIPNM)	MRC-somscore, handknijpkracht	Karatzanos 2012 (B), Routsi 2010 (B), Rodrigues 2012 (B), Parry 2013 (A1), Williams 2014 (A1)	1 en 2
	effect op het niveau van activiteiten			
oefentherapie (passief en actief) ADL-training	↑ ADL bij ontslag ziekenhuis	Katz-ADL, BI	Schweickert 2009 (A2), Chen 2012 (B)	1 en 2

Tabel 4.2 Vervolg

fietsen	↑ ADL bij ontslag ziekenhuis	6 MWT, SF36	Burtin 2009 (B)	2
oefentherapie 20 min (passief en actief) ADL-training (mobilisatieprotocol)	↓ ICU, ziekenhuis LOS	LOS ICU, ziekenhuis	Morris 2008 (C), Winkelman 2012 (B)	2 en 3
EMS	↓ weaningstijd	MRC-somscore	Routsi 2010 (B), Williams 2014 (A1)	1 en 2

Zie voor betekenis afkortingen ▶ bijlage 1.

4.4.1 Literatuur

Hanekom 2011: niveau D, Schweickert 2009: niveau A2, Gruther 2010: niveau A2, Gerovasili 2009: niveau B, Karatzanos 2012: niveau B, Poulsen 2011: niveau B, Routsi 2010: niveau B, Martin 2011: niveau A2, Cader 2010: niveau B, Caruso 2005: niveau B, Burtin 2009: niveau B, Morris 2008: niveau C, Chang 2005: niveau C, Moodie 2011: niveau A1, Griffiths 1995: niveau B, Meesen 2010: niveau B, Winkelman 2012: niveau B, Reid 2004; niveau B, Clavet 2008 en 2011: niveau C, Gosselink 2008, 2011: niveau D, Moree 2011: niveau D, Heather 2008: niveau D, Genc 2012: niveau B, Chang 2011: niveau B, Zafiropoulos 2004: niveau C, Stiller 2004: niveau C, Kraemer 2002: niveau D, Kho 2012: niveau D, Romer 2003: niveau B, Amidei 2013: niveau B, Angelopoulos 2013: niveau B, Calvo-Ayala 2013; niveau A2, Camargo Pires-Neto 2013: niveau D, Chen 2012: niveau B, Hermans 2014: niveau A1, Parry 2013: niveau A1, Kayambu 2013: niveau A1, Li 2013: niveau A1, Hirose 2013: niveau B, Stockley 2012: niveau D, Stiller 2013: niveau D, Rodrigues 2012: niveau B, Williams 2014 niveau A1.

4.5 Noot 5: Trainingsopbouw

- Sterkte van aanbeveling: geen.
- Aangezien er onvoldoende onderbouwing is voor trainingsparameters en inspanningsfysiologie bij IC-patiënten, kunnen geen aanbevelingen worden gedaan betreffende de trainingsvariabelen en trainingsopbouw voor het verbeteren van het uithoudingsvermogen van een IC-patiënt.
- Om de veiligheid gedurende oefentherapie te garanderen wordt verwezen naar de criteria om de oefentherapie te beëindigen (zie noot 7). Om de mate van inspanning te monitoren en te evalueren wordt op bewijskrachtniveau 3 en 4 geadviseerd, om de duur, het aantal herhalingen en de borgscore te gebruiken (zie noot 8).

4.5.1 Literatuur

Morree 2011: niveau D, Burtin 2009: niveau B, Winkelman 2012: niveau B, Morris 2008: niveau C, Hanekom 2011: niveau D, Babb 2012: niveau D, Kraemer 2002: niveau D, Gosselink 2008: niveau D, Amidei 2012: niveau D.

4.6 Noot 6: Parameters

- Sterkte van aanbeveling: matig sterk.
- De parameters in de aanbeveling hebben een bewijskracht van niveau 1 en 2.
- De volgende parameters die worden aanbevolen zijn van belang voor het monitoren van de veiligheid tijdens het mobiliseren en activeren van IC-patiënten:
  - klinische blik
    - dalend bewustzijnsniveau
    - zweten
    - afwijkende gelaatskleur
    - pijn
    - vermoeidheid
  - hartslag
  - bloeddruk
  - saturatie
  - ademhalingsfrequentie

4.6.1 Literatuur

Hanekom 2011: niveau D, Adler 2012: niveau A1, Schweickert 2009: niveau A2, Stiller 2003 en 2007: niveau D, Brimioulle 1997: niveau B, Kasotakis 2012: niveau C, Winkelman 2012: niveau B, Bourdin 2010: niveau C, Bailey 2007: niveau C, Thomsen 2008: niveau C, Kress 2009: niveau D, Burtin 2009: niveau B, Zanni 2010: niveau C.

4.7 Noot 7: Stop-criteria

- Sterkte van aanbeveling: matig sterk.
- De aanbeveling heeft een bewijskracht van niveau 1 en 2.
- De stop-criteria die worden aanbevolen voor het beëindigen van oefentherapie bij de IC-patiënt zijn van belang voor het beoordelen van de belasting van het cardiorespiratoire systeem van een IC-patiënt.
- Bij het bereiken van de volgende criteria gedurende de inspanning is het aan te bevelen om de oefentherapie te beëindigen:
  - hartfrequentie < 40; > 130 slagen/ minuut
  - bloeddruk MAP < 65 mmHg; > 110 mmHg

- ademhalingsfrequentie > 40 p/min
- saturatie < 90%
- aritmie
- klinische symptomen, zoals:
  - dalend bewustzijnsniveau van de patiënt
  - zweten
  - afwijkende gelaatskleur
  - pijn
  - vermoeidheid

4.7.1 Literatuur

Adler 2012: niveau A1, Schweickert 2009: niveau A2, Winkelman 2012: niveau B, Burtin 2009: niveau B, Bourdin 2010: niveau C, Morris 2008: niveau C, Stiller 2003 niveau: D, Hanekom 2011: niveau D, Mah 2013: niveau B.

4.8 Noot 8: Evalueren interventie

- Sterkte van aanbeveling: matig sterk.
- De aanbeveling met betrekking tot het monitoren van de veiligheid heeft een bewijskracht van niveau 1 en 2. Met betrekking tot het evalueren van de fysiotherapeutische interventies ligt de bewijskracht op niveau 3 en 4.
- De parameters die worden aanbevolen zijn van belang voor het veilig uitvoeren, monitoren en evalueren van de fysiotherapeutische interventie bij IC-patiënten.
- De volgende parameters kunnen worden gebruikt om de mate van inspanning bij IC-patiënten te monitoren en/of te evalueren:
  - klinische blik
    - dalend bewustzijnsniveau
    - zweten
    - afwijkende gelaatskleur
    - pijn
    - vermoeidheid
  - hartslag
  - bloeddruk
  - saturatie
  - ademhalingsfrequentie
  - tidal volume
  - frequentie van behandeling
  - aantal herhalingen
  - aantal sets
  - duur van de activiteit
  - borgscore

4.8.1 Literatuur

Hanekom 2011: niveau D, Adler 2012: niveau A1, Schweickert 2009: niveau A2, Stiller 2003 en 2007: niveau D, Brimioulle 1997: niveau B, Kasotakis 2012: niveau C, Winkelman 2012: niveau B, Bourdin 2010: niveau C, Bailey 2007: niveau C, Thomsen 2008: niveau C, Kress 2009: niveau D, Burtin 2009: niveau B, Zanni 2010: niveau C, Morree 2011: niveau D, Gosselink 2008: niveau D, Amidei 2012, niveau D.

Bijlage

Lijst met afkortingen – 31

Bijlage 2 Methode – 35

Bijlage 3 Werkkaart diagnostisch proces – 39

Bijlage 4 Werkkaart therapeutisch proces – 41

Dankwoord – 43

Literatuur – 45

Lijst met afkortingen

Lijst met afkortingen

ADL	activiteiten van het dagelijks leven
ARDS	acute respiratory distress syndrome
BBS	berg balansschaal
BI	barthelindex
CBO	Centraal Begeleidingsorgaan
CIPNM	criticall illness polyneuromyopathie
CPM	continuous passive motion
DEMMI	De Morton Mobility Index
DNA	desoxyribonucleïnezuur
EBRO	evidence-based richtlijnontwikkeling
EMS	elektromusculaire stimulatie
ES	evidence statement
FIM	Functional Independence Measure
FiO_2	fraction of inspired oxygen
Fmax	maximale spierkracht
Fr	respiratory rate
FSS-ICU	Functional Status Score for ICU
HHD	handheld dynamometer
IC	intensive care
ICF	International Classification of Functioning
ICP	intracranial pressure
ICU	Intensive Care Unit
ICU-AW	Intensive Care Unit-Acquired Weakness
LOS	length of stay (ligdagen)
KNGF	Koninklijk Nederlands Genootschap voor Fysiotherapie
MAS	Modified Ashworth Scale
MAP	mean arterial pressure
MEP	maximum expiratory pressure
MIP	maximum inspiratory pressure
MMT	Manual Muscle Test
MOF	multiorgaanfalen
MRC	Medical Research Council
NSA	(Modified) Nottingham Sensory Assessment
NIRS	near infrared spectroscopy
PEEP	positive end exipiratory pressure (positieve eindexpiratoire-drukbeademing)
RASS	Richmond Agitation Sedation Scale

Lijst met afkortingen

ROM	range of motion
S5Q	Standardized 5 questions
SF36	Short Form-36
SIRS	systemisch inflammatoir responssyndroom
Ve	minute ventilation
Vt	tidal volume
Vt/T1	flow rates
Zkhs	ziekenhuis
6 MWT	6 minuten wandeltest
NVZF	Nederlandse Vereniging voor Ziekenhuis Fysiotherapie

Bijlage 2 Methode

Ontwikkeling evidence statement voor fysiotherapie op intensive care unit

Dit evidence statement (ES) is opgebouwd conform een verkorte versie van de methode voor ontwikkeling, implementatie en bijstelling van KNGF (Koninklijk Nederlands Genootschap voor Fysiotherapie)-richtlijnen, zoals beschreven door Van der Wees et al., 2007.

De ontwikkeling van het ES omvat vier fases:
1. systematisch literatuuronderzoek;
2. formuleren van aanbevelingen;
3. het voorleggen van het concept statement aan experts;
4. valideringsronde.

Systematisch literatuuronderzoek

Voor het uitvoeren van het systematisch literatuuronderzoek is er gezocht naar relevante literatuur die is verschenen tussen 1995 en september 2014 in de databases van de Cochrane Library, PubMed, Embase, PEDro en CINAHL.

Deze onderbouwing biedt ondersteuning bij het maken van keuzen waarvoor fysiotherapeuten staan bij:
- de diagnostiek en klinimetrie;
- de behandeling;
- veiligheidsaspecten die van belang zijn voor het uitvoeren van de fysiotherapeutische behandeling bij beademde intensive care (IC-)patiënten.

Het wetenschappelijke bewijs is per vraagstelling samengevat, inclusief de mate van bewijs. Voor het beoordelen van de literatuur is gebruikgemaakt van de beoordelingslijsten en de evidence-based richtlijnontwikkeling (EBRO-)criteria voor kwaliteitsniveaus, zoals ontwikkeld onder auspiciën van het CBO (◘ Tabel 0.1, Tabel 0.2 en Tabel 0.3).

Methodologische beoordeling van de literatuur

De conclusies en antwoorden op de uitgangsvragen zijn gebaseerd op literatuur. De geselecteerde artikelen zijn beoordeeld op methodologische kwaliteit en ingedeeld naar de mate van bewijs aan de hand van beoordelingsformulieren. Hierbij zijn voor interventiestudies de criteria en indelingen van het CBO gebruikt (◘ Tabel 0.1). Voor evaluatie van de diagnostische instrumenten is geen classificatie gebruikt, omdat die niet beschikbaar is. De kwaliteit van de instrumenten is wel beoordeeld op basis van verschillende aspecten van betrouwbaarheid, validiteit en bruikbaarheid.

Bijlage 2 Methode

Tabel 0.1 Indeling van methodologische kwaliteit van interventiestudies.

A1	systematische review van ten minste twee onafhankelijk van elkaar uitgevoerde onderzoeken van A2-niveau
A2	gerandomiseerd dubbelblind vergelijkend klinisch onderzoek van goede kwaliteit van voldoende omvang
B	vergelijkend onderzoek, maar niet met alle kenmerken als genoemd onder A2 (hieronder valt ook patiënt-controleonderzoek, cohortonderzoek)
C	niet-vergelijkend onderzoek
D	mening van deskundigen

Tabel 0.2 Indeling van niveau van bewijskracht van de conclusies.

niveau 1	onderzoek van niveau A1 of ten minste twee onafhankelijk van elkaar uitgevoerde onderzoeken van niveau A2	Het is aangetoond dat…
niveau 2	één onderzoek van niveau A2 of ten minste twee onafhankelijk van elkaar uitgevoerde onderzoeken van niveau B	Het is aannemelijk dat…
niveau 3	één onderzoek van niveau B of C	Er zijn aanwijzingen dat…
niveau 4	mening van deskundigen	Experts zijn van mening dat…

In Tabel 0.1 en Tabel 0.2 worden de niveaus van bewijskracht toegelicht voor individuele interventiestudies en voor de conclusies.

Formuleren van de aanbevelingen

Om een aanbeveling te kunnen formuleren zijn naast het wetenschappelijke bewijs andere aspecten van belang, bijvoorbeeld organisatorische aspecten, de noodzaak voor speciale expertise en toepasbaarheid in de dagelijkse praktijk.

Deze aspecten worden vermeld onder het kopje 'overige overwegingen'. De uiteindelijke aanbeveling is het resultaat van integratie van de conclusies uit de literatuur en de overige overwegingen. Het kan dus zijn dat de sterkte van een aanbeveling minder sterk of juist sterker is dan het niveau van bewijs uit de conclusie Waar geen bewijs voorhanden was, is een aanbeveling geformuleerd op basis van (gepubliceerde) 'expert opinions' en kennis en ervaring van uitvoerders en projectgroepleden. Tabel 0.3 geeft een overzicht van de sterkte van de aanbevelingen.

Tabel 0.3 Indeling van sterkte van de aanbevelingen.

sterkte van de aanbeveling	voorkeursformulering
sterk	*positieve aanbeveling:* sterk aan te bevelen/dient/moet/is eerste keus/is geïndiceerd/is vereist/is de standaard
	negatieve aanbeveling: sterk te ontraden/dient niet/moet niet/is geen keuze/is gecontraïndiceerd
matig sterk	*positieve aanbeveling:* aan te bevelen/adviseren/heeft de voorkeur/streven naar/verdient aanbeveling
	negatieve aanbeveling: niet aan te bevelen/wordt ontraden/verdient geen aanbeveling
zwak	*positieve aanbeveling:* te overwegen/kan
	negatieve aanbeveling: terughoudendheid is geboden
geen	kan geen advies of aanbeveling worden gegeven/niet mogelijk een keuze te maken/er is geen voorkeur uit te spreken

Voorleggen van het concept statement aan de projectgroep, eerste kring en tweedekring

De conceptversie van het ES is voor advies en commentaar voorgelegd aan de projectgroep, een eerste kring en een tweede kring van experts.

De projectgroep bestond uit experts met ruime werk- en onderzoekservaring op het gebied van fysiotherapeutisch, medisch en revalidatieonderzoek bij IC-patiënten.

De eerste kring is samengesteld uit intensivisten van de Nederlandse Vereniging voor Intensive Care (NVIC) met kennis en ervaring op het gebied van vroegtijdige mobilisatie en activatie van IC-patiënten. De tweede kring bestond uit fysiotherapeuten met ruime werkervaring (> 3 jaar) met de behandeling van IC-patiënten en met kennis en ervaring op het gebied van vroegtijdige mobilisatie en activatie van IC-patiënten.

De rol van de eerste en tweede kring was de inhoud van de richtlijnen te beoordelen op toepasbaarheid en werkzaamheid binnen hun setting.

Hun taak bestond eruit fouten of onvolkomenheden te traceren, aanvullingen of nieuwe inzichten te verschaffen, en suggesties te doen voor onvoorziene praktische implementatieproblemen. Hiervoor zijn de leden van de eerste en tweede kring geraadpleegd door middel van schriftelijke commentaarrondes.

Valideringsronde

Het definitieve ES wordt later bij relevante specialistenverenigingen, namelijk het KNGF, de NVZF (Nederlandse Vereniging voor Ziekenhuis Fysiotherapie) en de NVIC ter autorisatie voorgelegd.

Bijlage 3
Werkkaart diagnostisch proces

Evidence statement voor fysiotherapie op de intensive care

methodisch handelen	**rode vlaggen**
diagnostisch proces	Onderstaande criteria gelden als (relatieve) contra-indicaties voor het uit bed mobiliseren van intensive care patiënten en moeten worden meegenomen in het proces van klinisch redeneren. Voor het mobiliseren van patiënten met een van deze criteria dient altijd overleg met een intensivist plaats te vinden.
screening	*criteria: (niveau 1)*

(aanvullende) anamnese	*hartslag*
	• recent myocardischemie
	• hartfrequentie < 40 en > 130 p/min
	bloeddruk
	• MAP < 60 mmHg en > 110 mmHg
	saturatie
	• ≤ 90%
	beademingsparameters
	• $FiO_2 \geq 0,6$
	• PEEP: ≥ 10 cm H_2O
	ademhalingsfrequentie
	• ademhalingsfrequentie > 40 p/min
	bewustzijnsniveau van patiënt
	• RASS-score: -4, -5, 3, 4
	dosis inotropica
	• hoge dosis inotropica:
	   – dopamine ≥ 10 mcg/kg/min
	   – nor/adrenaline ≥ 0,1 mcg/kg/min
	temperatuur
	• ≥ 38,5 graden Celsius
	• ≤ 36 graden Celsius
	overige: (niveau 3 en 4)
	• klinische blik
	   – verminderd bewustzijnsniveau
	   – zweten
	   – afwijkende gelaatskleur
	   – pijn
	   – vermoeidheid
	• instabiele fracturen
	• aanwezigheid van lijnen die mobilisatie onveilig maken
	• neurologisch instabiel: ICP ≥ 20 cmH_2O

fysiotherapeutisch onderzoek van het bewegend functioneren	**inspectie van bewegingsapparaat**
	• oedeem, spieratrofie, contracturen, deformiteiten, drukplekken, decubitus, wonden
	onderzoek
	functie
	• coöperatie
	   – S5Q (niveau 4)
	• actieve en passieve bewegingsbeperking
	   – ROM (niveau 4)
	• spierkracht
	   – MRC -(som)score (niveau 2)
	   – handheld dynamometer of handknijpkracht (Jamar) vanaf spierkracht MRC 3 (niveau 2)
	• spiertonus
	   – MAS (niveau 4)
	• sensibiliteit
	   – NSA (niveau 4)
	activiteiten
	• transfers
	   – DEMMI (niveau 4)
	• lopen
	   – DEMMI (niveau 4)

Bijlage 4
Werkkaart therapeutisch proces

Evidence statement voor fysiotherapie op de intensive care

therapeutisch proces

niet -responsieve en niet -adequate patiënt	responsieve en adequate patiënt
• RASS-score < -2 (niveau 2) • S5Q < 3 (niveau 4)	• RASS-score ≥ -2 (niveau 2) • S5Q ≥ 3 (niveau 4)

behandelplan

passief	actief

• doorbewegen (noot 4) (niveau 2)
  – herhalingen: 5x per gewricht
  – serie: 1
  – frequentie: 1x p/dag
• stretchen (noot 4) (niveau 2)
  – duur: 20 minuten
• passief fietsen (noot 4) (niveau 2)
  – duur: 20 minuten
• EMS (noot 4) (niveau 1 en 2)
  – duur: 60 minuten
  – intensiteit: 45 Hz
  – frequentie: dagelijks
• CPM (noot 4) (niveau 2)
  – 3 x 3 uur per dag
• splinten (noot 4) (niveau 4)
  – duur: 2 uur op en 2 uur af
	• oefentherapie (noot 4) (niveau 4)
	  – intensiteit:
	    – borg 11-13
	  – duur: (niveau 4)
	  – herhalingen: 8-10 herhalingen
	  – series: 3 sets
	  – frequentie: dagelijks 1 à 2x per dag (niveau 4)
	  – opbouw: (niveau 4)
	    – stap 1: duur opbouwen:
	      – herhalingen opvoeren naar 10
	    – stap 2: series uitbreiden:
	      – van 1 serie naar 3 series
	    – stap 3: intensiteit verhogen
	      – van borgscore 11 naar 13
	    – stap 4: frequentie verhogen:
	      – van 1x daagse naar 2x daagse therapie
	• ADL-training: balans, staan, lopen (noot 4) (niveau 3)
	• mobilisatie uit bed (noot 4) (niveau 2)
	• fietsen (noot 4) (niveau 2)
	  – duur 20 minuten
	  – opbouw: intervaltraining richting 20 minuten opbouwen

behandelproces

Gedurende de interventie de verandering van veiligheids- en inspanningsparameters monitoren en evalueren (noot 5, 6, 7, 8).

- hartfrequentie (niveau 1)
- bloeddruk (niveau 1)
- ademhalingsfrequentie (niveau 1)
- saturatie (niveau 1)
- veranderingen in klinische symptomen zoals: (niveau 3 en 4)
  - bewustzijnsniveau
  - zweten
  - gelaatskleur
  - pijn
  - vermoeidheid
- duur van de interventie (niveau 4)
- aantal herhalingen (niveau 4)
- aantal sets (niveau 4)
- frequentie van interventie (niveau 4)
- borgscore (niveau 4)

Bij het bereiken van onderstaande criteria gedurende de inspanning is het aan te bevelen om de oefentherapie te beëindigen: (niveau 1)

- hartfrequentie < 40 en > 130 p/min
- bloeddruk MAP < 65 mmHg; > 110 mmHg
- ademhalingsfrequentie > 40 p/min
- saturatie < 90%
- aritmie

Evalueer iedere behandeling op basis van bevindingen in het diagnostisch en het beloop van het therapeutisch proces.

evaluatie en afsluiting

- Beschrijf dagelijks in de verslaglegging het resultaat van de behandeling en veranderingen in functionele status.
- Evalueer de behandeling bij ontslag van de intensive care met de daarbij behorende klinimetrie: ROM, MRC -(som)score, handheld dynamometer, handknijpkracht, MAS, NSA en DEMMI.

Dankwoord

In 2012 heeft het Academisch Medisch Centrum (AMC) opdracht gegeven voor het schrijven van een evidence statement voor fysiotherapie bij intensive care patiënten.
Dit statement is gerealiseerd met subsidie van de afdeling Revalidatie van het AMC en Fonds NutsOhra.
Voor de totstandkoming van dit statement danken wij de klankbordgroepleden (in alfabetische volgorde).

- **Klankbordgroepleden:**

Eerste kring
Dr. Dave A. Dongelmans, intensivist, Academisch Medisch Centrum, Amsterdam
Marijke S. van der Steen, intensivist, ziekenhuis Gelderse Vallei, Ede

Tweede kring
Gert van de Bosch, fysiotherapeut, AZ Maastricht, Maastricht
Cees Casteleijn, fysiotherapeut, St. Antonius ziekenhuis, Nieuwegein
Bart Coenraads, fysiotherapeut, Gelre ziekenhuis, Apeldoorn
Dennis Gommers, fysiotherapeut, AMC, Amsterdam
Sabine Hahn, fysiotherapeut, Spaarne Ziekenhuis, Hoofddorp
Sylvia Hania, fysiotherapeut, VUmc, Amsterdam
Germijn Heijnen, fysiotherapeut, UMC Utrecht, Utrecht
Jelmer Jager, fysiotherapeut, SLAZ, Amsterdam
Mariska Leegte, fysiotherapeut, UMC Groningen, Groningen
Peterpaul Mazure, fysiotherapeut, UMC Radboud, Nijmegen
Inge van der Peijl, fysiotherapeut, LUMC, Leiden
Bert Strookappe, fysiotherapeut, Gelderse Vallei, Ede
Marijke Verbiest, fysiotherapeut, Eramus MC, Rotterdam
Marja Villijn, fysiotherapeut, Tergooiziekenhuizen, Hilversum
Josta de Vries, fysiotherapeut, OLVG, Amsterdam
Jan Wink, fysiotherapeut, Isala Klinieken, Zwolle

Naamsvermelding als referent betekent niet dat iedere referent de richtlijn op elk detail inhoudelijk onderschrijft.

Literatuur

Adler J, Malone D. Early mobilization in the intensive care unit: a systematic review. Cardiopulmonary Physical Therapy Journal. 2012;23(1):5–13.

Amidei C. Measurement of physiologic responses to mobilisation in critically ill adults. Intensive & Critical Care Nursing: the official journal of the British Association of Critical Care Nurses. 2012;28(2):58–72.

Amidei C, Sole ML. Physiological responses to passive exercise in adults receiving mechanical ventilation. American journal of critical care : an official publication, American Association of Critical-Care Nurses. 2013;22(4):337–48.

Angelopoulos E, Karatzanos E, Dimopoulos S, Mitsiou G, Stefanou C, Patsaki I, et al. Acute microcirculatory effects of medium frequency versus high frequency neuromuscular electrical stimulation in critically ill patients – a pilot study. Annals of Intensive Care. 2013;3(1):39.

Babb T, Levine B, Philley J. ICU-acquired weakness: an extension of the effects of bed rest. American Journal of Respiratory and Critical Care Medicine. 2012;185(2):230–1.

Bailey P, Thomsen GE, Spuhler VJ, Blair R, Jewkes J, Bezdjian L, et al. Early activity is feasible and safe in respiratory failure patients. Crit Care Med. 2007;35(1):139–45.

Balas MC, Vasilevskis EE, Olsen KM, Schmid KK, Shostrom V, Cohen MZ, et al. Effectiveness and safety of the awakening and breathing coordination, delirium monitoring/management, and early exercise/mobility bundle. Critical Care Medicine. 2014;42(5):1024–36.

Baldwin CE, Paratz JD, Bersten AD. Muscle strength assessment in critically ill patients with handheld dynamometry: an investigation of reliability, minimal detectable change, and time to peak force generation. Journal of Critical Care. 2013;28(1):77–86.

Bohannon RW, Smith MB. Interrater reliability of a modified Ashworth scale of muscle spasticity. Physical Therapy. 1987;67(2):206–7.

Bourdin G, Barbier J, Burle JF, Durante G, Passant S, Vincent B, et al. The feasibility of early physical activity in intensive care unit patients: a prospective observational one-center study. Respir Care. 2010;55(4):400–7.

Brimioulle S, Moraine JJ, Norrenberg D, Kahn RJ. Effects of positioning and exercise on intracranial pressure in a neurosurgical intensive care unit. Physical Therapy. 1997;77(12):1682–9.

Burtin C, Clerckx B, Robbeets C, Ferdinande P, Langer D, Troosters T, et al. Early exercise in critically ill patients enhances short-term functional recovery. Critical Care Medicine. 2009;37(9):2499–505.

Cader SA, Vale RGD, Castro JC, Bacelar SC, Biehl C, Gomes MCV, et al. Inspiratory muscle training improves maximal inspiratory pressure and may assist weaning in older intubated patients: a randomised trial. J Physiother. 2010;56(3):171–7.

Calvo-Ayala E, Khan BA, Farber MO, Ely EW, Boustani MA. Interventions to improve the physical function of ICU survivors: a systematic review. Chest. 2013;144(5):1469–80.

Camargo Pires-Neto R, Fogaca Kawaguchi YM, Sayuri Hirota A, Fu C, Tanaka C, Caruso P, et al. Very early passive cycling exercise in mechanically ventilated critically ill patients: physiological and safety aspects–a case series. PLoS ONE. 2013;8(9):e74182.

Caruso P, Denari S, Ruiz S, Bernal K, Manfrin G, Friedrich C. Inspiratory muscle training is ineffective in mechanically ventilated critically ill patients. Clinics. 2005;6:479–84.

Chang AT, Boots RJ, Brown MG, Paratz J, Hodges PW. Reduced inspiratory muscle endurance following successful weaning from prolonged mechanical ventilation. Chest. 2005;128(2):553–9.

Chang MY, Chang LY, Huang YC, Lin KM, Cheng CH. Chair-sitting exercise intervention does not improve respiratory muscle function in mechanically ventilated intensive care unit patients. Respir Care. 2011;56(10):1533–8.

Chen YH, Lin HL, Hsiao HF, Chou LT, Kao KC, Huang CC, et al. Effects of exercise training on pulmonary mechanics and functional status in patients with prolonged mechanical ventilation. Respir Care. 2012;57(5):727–34.

Clavet H, Hebert PC, Fergusson D, Doucette S, Trudel G. Joint contracture following prolonged stay in the intensive care unit. CMAJ. 2008;178(6):691–7.

Clavet H, Hebert PC, Fergusson DA, Doucette S, Trudel G. Joint contractures in the intensive care unit: association with resource utilization and ambulatory status at discharge. Disability and Rehabilitation. 2011;33(2):105–12.

Damluji A, Zanni JM, Mantheiy E, Colantuoni E, Kho ME, Needham DM. Safety and feasibility of femoral catheters during physical rehabilitation in the intensive care unit. Journal of Critical Care. 2013;28(4):535 e9–15.

de Morton NA, Davidson M, Keating JL. The de Morton Mobility Index (DEMMI): an essential health index for an ageing world. Health and Quality of Life Outcomes. 2008;6:63.

Denehy L. Evaluation of exercise rehabilitation for survivors of intensive care: protocol for a single blind randomised controlled trial. The Open Critical Care Medicine Journal. 2008;1:39–47.

Literatuur

Denehy L, de Morton NA, Skinner EH, Edbrooke L, Haines K, Warrillow S, et al. A physical function test for use in the intensive care unit: validity, responsiveness, and predictive utility of the physical function ICU test (scored). Physical Therapy. 2013;93(12):1636–45.

Dowdy DW, Eid MP, Dennison CR, Mendez-Tellez PA, Herridge MS, Guallar E, et al. Quality of life after acute respiratory distress syndrome: a meta-analysis. Intensive Care Medicine. 2006;32(8):1115–24.

Ely EW, Truman B, Shintani A, Thomason JW, Wheeler AP, Gordon S, et al. Monitoring sedation status over time in ICU patients: reliability and validity of the Richmond Agitation-Sedation Scale (RASS). JAMA. 2003;289(22):2983–91.

Euwes M, Engelbert R. Beroepscompetentieprofiel ziekenhuisfysiotherapeut. NVZF, 2010 (► http://nvzf.fysionet.nl/nvzf-bcp-okt-2010.pdf).

Fan E, Ciesla ND, Truong AD, Bhoopathi V, Zeger SL, Needham DM. Inter-rater reliability of manual muscle strength testing in ICU survivors and simulated patients. Intensive Care Medicine. 2010;36(6):1038–43.

Genc A, Ozyurek S, Koca U, Gunerli A. Respiratory and hemodynamic responses to mobilization of critically ill obese patients. Cardiopulmonary Physical Therapy Journal. 2012;23(1):14–8.

Gerovasili V, Stefanidis K, Vitzilaios K, Karatzanos E, Politis P, Koroneos A, et al. Electrical muscle stimulation preserves the muscle mass of critically ill patients: a randomized study. Critical Care. 2009;13(5):R161.

Gerovasili V, Tripodaki E, Karatzanos E, Pitsolis T, Markaki V, Zervakis D, et al. Short-term systemic effect of electrical muscle stimulation in critically ill patients. Chest. 2009;136(5):1249–56.

Gosselink R, Bott J, Johnson M, Dean E, Nava S, Norrenberg M, et al. Physiotherapy for adult patients with critical illness: recommendations of the European Respiratory Society and European Society of Intensive Care Medicine Task Force on Physiotherapy for Critically Ill Patients. Intensive Care Medicine. 2008;34(7):1188–99.

Gosselink R, Clerckx B, Robbeets C, Vanhullebusch T, Vanpee G, Segers J. Physiotherapy in the intensive care unit. Neth J Crit Care. 2011;15(2):66–75.

Griffiths RD, Palmer TE, Helliwell T, MacLennan P, MacMillan RR. Effect of passive stretching on the wasting of muscle in the critically ill. Nutrition. 1995;11(5):428–32.

Grill E, Gloor-Juzi T, Huber EO, Stucki G. Assessment of functioning in the acute hospital: operationalisation and reliability testing of ICF categories relevant for physical therapists interventions. Journal of Rehabilitation Medicine. 2011;43(2):162–73.

Gruther W, Kainberger F, Fialka-Moser V, Paternostro-Sluga T, Quittan M, Spiss C, et al. Effects of neuromuscular electrical stimulation on muscle layer thickness of knee extensor muscles in intensive care unit patients: a pilot study. Journal of Rehabilitation Medicine. 2010;42(6):593–7.

Hanekom S, Gosselink R, Dean E, Aswegen H van, Roos R, Ambrosino N, et al. The development of a clinical management algorithm for early physical activity and mobilization of critically ill patients: synthesis of evidence and expert opinion and its translation into practice. Clinical Rehabilitation. 2011;25(9):771–87.

Heather L. Splinting in the Intensice care unit. CMAJ. 2008;178(13):1688.

Hermans G, Clerckx B, Vanhullebusch T, Segers J, Vanpee G, Robbeets C, et al. Inter-observer agreement of Medical Research Council-sum score and handgrip strength in the ICU. Muscle Nerve. 2012:18–25.

Hermans G, Jonghe B de, Bruyninckx F, Berghe G van den. Interventions for preventing critical illness polyneuropathy and critical illness myopathy. The Cochrane database of systematic reviews. 2014;1:CD006832.

Hermans G, Groeneveld A, Schultz M, Vroom M. Intensivecareverworven spierzwakte. In Handboek Multiorgaanfalen. Utrecht: De Tijdstroom; 2012.

Herridge MS, Tansey CM, Matte A, Tomlinson G, Diaz-Granados N, Cooper A, et al. Functional disability 5 years after acute respiratory distress syndrome. The New England Journal of Medicine. 2011;364(14):1293–304.

Hirose T, Shiozaki T, Shimizu K, Mouri T, Noguchi K, Ohnishi M, et al. The effect of electrical muscle stimulation on the prevention of disuse muscle atrophy in patients with consciousness disturbance in the intensive care unit. Journal of Critical Care. 2013;28(4):536 e1–7.

Hodgson C, Needham D, Haines K, Bailey M, Ward A, Harrold M, et al. Feasibility and inter-rater reliability of the ICU Mobility Scale. Heart & lung: the Journal of Critical Care. 2014;43(1):19–24.

Karatzanos L. EMS an effective form of exercise and early mobilization to preserve muscle strength in critically ill patients. Critical Care Research and Practice. 2012:1–8.

Kasotakis G, Schmidt U, Perry D, Grosse-Sundrup M, Benjamin J, Ryan C, et al. The surgical intensive care unit optimal mobility score predicts mortality and length of stay. Critical Care Medicine. 2012;40(4):1122–8.

Kayambu G, Boots R, Paratz J. Physical therapy for the critically ill in the ICU: a systematic review and meta-analysis. Critical Care Medicine. 2013;41(6):1543–54.

Kho ME, Truong AD, Brower RG, Palmer JB, Fan E, Zanni JM, et al. Neuromuscular electrical stimulation for intensive care unit-acquired weakness: protocol and methodological implications for a randomized, sham-controlled, phase II trial. Physical Therapy. 2012;92(12):1564–79.

Kraemer WJ, Adams K, Cafarelli E, Dudley GA, Dooly C, Feigenbaum MS, et al. American College of Sports Medicine position stand. Progression models in resistance training for healthy adults. Medicine and Science in Sports and Exercise. 2002;34(2):364–80.

Kress JP. Clinical trials of early mobilization of critically ill patients. Critical Care Medicine. 2009;37(10 Suppl):S442–7.

Leditschke A, Green M, Irvine J, Bissett B, Mitchell I. What are the barriers to mobilizing intensive care patients? Cardiopulmonary Physical Therapy Journal. 2012;23:26–9.

Li Z, Peng X, Zhu B, Zhang Y, Xi X. Active mobilization for mechanically ventilated patients: a systematic review. Arch Phys Med Rehabil. 2013;94(3):551–61.

Lincoln N, Jackson J, Adams S. Reliability and revision of the Nottingham Sensory Assessment for stroke patients. Physiotherapy. 1998;84(8):358–65.

Mah JW, Staff I, Fichandler D, Butler KL. Resource-efficient mobilization programs in the intensive care unit: who stands to win? American Journal of Surgery. 2013;206(4):488–93.

Martin AD, Smith BK, Davenport PD, Harman E, Gonzalez-Rothi RJ, Baz M, et al. Inspiratory muscle strength training improves weaning outcome in failure to wean patients: a randomized trial. Critical Care. 2011;15(2):R84.

Meesen RL, Dendale P, Cuypers K, Berger J, Hermans A, Thijs H, et al. Neuromuscular electrical stimulation as a possible means to prevent muscle tissue wasting in artificially ventilated and sedated patients in the intensive care unit: A pilot study. Neuromodulation : journal of the International Neuromodulation Society. 2010;13(4):315–20; discussion 21.

Moodie L. Inspiratory muscle training inceases inspiratory muscle strength in patients weaning from mechanical ventilation; a systematic reiew. J Physiother. 2011;57:213–21.

Morree JJ de, et al. Inspanningsfysiologie, oefentherapie en training. Houten: Bohn Stafleu van Loghum; 2011.

Morris PE, Goad A, Thompson C, Taylor K, Harry B, Passmore L, et al. Early intensive care unit mobility therapy in the treatment of acute respiratory failure. Critical Care Medicine. 2008;36(8):2238–43.

National Instutute for HC, Excellence. Rehabilitaion after critical illness. NICE clinical guideline 2009;83.

Needham D. Mobilizing patients in the intensive care unit: improving neuromuscular weakness and physical function. JAMA. 2008;300(14):1685–90.

Needham D. Early physical medicine and rehabilitation for patients with acute respiratory failure: a quality improvement project. Arch Phys Med Rehabil. 2010;91:536–42.

Needham DM, Davidson J, Cohen H, Hopkins RO, Weinert C, Wunsch H, et al. Improving long-term outcomes after discharge from intensive care unit: report from a stakeholders' conference. Critical Care Medicine. 2012;40(2):502–9.

Nordon-Craft A, Moss M, Quan D, Schenkman M. Intensive care unit-acquired weakness: implications for physical therapist management. Physical therapy. 2012;92(12):1494–506.

Olkowski BF, Devine MA, Slotnick LE, Veznedaroglu E, Liebman KM, Arcaro ML, et al. Safety and easibility of an early mobilization program for patients with aneurysmal subarachnoid hemorrhage. Physical Therapy. 2013;93(2):208–15.

Organization WH. International Classification of Functioning, Disability and Health: ICF. Geneva, Switzerland: World Health organization; 2001.

Parry SM, Berney S, Granger CL, Koopman R, El-Ansary D, Denehy L. Electrical muscle stimulation in the intensive care setting: a systematic review. Critical Care Medicine. 2013;41(10):2406–18.

Perme C, Nalty T, Winkelman C, Kenji Nawa R, Masud F. Safety and efficacy of mobility interventions in patients with femoral catheters in the ICU: A prospective observational study. Cardiopulmonary Physical Therapy Journal. 2013;24(2):12–7.

Poulsen JB, Moller K, Jensen CV, Weisdorf S, Kehlet H, Perner A. Effect of transcutaneous electrical muscle stimulation on muscle volume in patients with septic shock. Critical Care Medicine. 2011;39(3):456–61.

Robinson BR, Berube M, Barr J, Riker R, Gelinas C. Psychometric analysis of subjective sedation scales in critically ill adults. Critical Care Medicine. 2013; 41(9 Suppl 1):S16–29.

Rodriguez PO, Setten M, Maskin LP, Bonelli I, Vidomlansky SR, Attie S, et al. Muscle weakness in septic patients requiring mechanical ventilation: protective effect of transcutaneous neuromuscular electrical stimulation. Journal of Critical Care. 2012;27(3):319 e1–8.

Romer LM. Specifity and reversibility of inspiratory muscle training. Medicine and science in sports and exercise. 2003;35.

Roth C, Stitz H, Kalhout A, Kleffmann J, Deinsberger W, Ferbert A. Effect of early physiotherapy on intracranial pressure and cerebral perfusion pressure. Neurocritical Care. 2013;18(1):33–8.

Routsi C, Gerovasili V, Vasileiadis I, Karatzanos E, Pitsolis T, Tripodaki E, et al. Electrical muscle stimulation prevents critical illness polyneuromyopathy: a randomized parallel intervention trial. Critical Care. 2010;14(2):R74.

Ryf C, Weymann A. Range of Motion – AO ASIF Neutral-0 Method: measurement and documentation. Stuttgart: Thieme; 1999.

Schweickert W, Kress J. Implementing early mobilization interventions in mechanically ventilated patients in the ICU. Lancet. 2009;373:1874–82.

Sessler CN, Gosnell MS, Grap MJ, Brophy GM, O'Neal PV, Keane KA, et al. The Richmond Agitation-Sedation Scale: validity and reliability in adult intensive care unit patients. American Journal of Respiratory and Critical Care Medicine. 2002;166(10):1338–44.

Sricharoenchai T, Parker AM, Zanni JM, Nelliot A, Dinglas VD, Needham DM. Safety of physical therapy interventions in critically ill patients: a single-center prospective evaluation of 1110 intensive care unit admissions. Journal of Critical Care. 2014;29(3):395–400.

Stiller K. The safety of mobilisation and its effects on haemodynamic and respiratory status of intensive care patients. Physiotherapy Theory and Practice. 2004;20:175–85.

Stiller K. Safety issues that should be considered when mobilizing critically ill patients. Critical Care Clinics. 2007;23(1):35–53.

Stiller K. Physiotherapy in intensive care: an updated systematic review. Chest. 2013;144(3):825–47.

Stiller K, Phillips A. Safety aspects of mobilising acutely ill inpatients. Physiotherapy Theory and Practice. 2003;19:239–57.

Stockley R. Move it or lose it?: A survey of the aims of treatmentwhen using passive movements in intensive care. Intensive and Critical Care Nursing. 2012;28:82–7.

Thomas A. Physiotherapy led early rehabilitation of the patient with critical illness. Physical Therapy Reviews. 2011;16:46–57.

Thomas AJ. Exercise intervention in the critical care unit – what is the evidence? Physical Therapy Reviews. 2009;14(1):50–9.

Tipping CJ, Young PJ, Romero L, Saxena MK, Dulhunty J, Hodgson CL. A systematic review of measurements of physical function in critically ill adults. Critical care and resuscitation. Journal of the Australasian Academy of Critical Care Medicine. 2012;14(4):302–11.

Trush A. The clinical utility of the Functional Status Score for the Intensive Care Unit (FSS-ICU) at a long-term acute care hospital: A prospective cohort study. Physical Therapy. 2012;92(12):1536–45.

Schaaf M van der, Beelen A, Dongelmans DA, Vroom MB, Nollet F. Functional status after intensive care: a challenge for rehabilitation professionals to improve outcome. Journal of Rehabilitation Medicine. 2009;41(5):360–6.

Vanpee G, Hermans G, Segers J, Gosselink R. Assessment of limb muscle strength in critically ill patients: a systematic review. Critical Care mMedicine. 2014;42(3):701–11.

Vanpee G, Segers J, Mechelen H van, Wouters P, Berghe G van den, Hermans G, et al. The interobserver agreement of handheld dynamometry for muscle strength assessment in critically ill patients. Critical Care Medicine. 2011;39(8):1929–34.

Verbeek JM. Royal Dutch Physiotherapy Association (KNGF) guideline stroke. Royal Dutch Physiotherapy Association (KNGF); 2004. Available from: ► https://www.fysionet-evidencebased.nl/index.php/component/kngf/richtlijnen/beroerte-2014.

Wees Ph van der. Richtlijnontwikkeling (EBRO); handleiding voor werkgroepleden. Kwaliteitsinstituut voor de gezondheidszorg (CBO); 2007.

Wilcox ME, Brummel NE, Archer K, Ely EW, Jackson JC, Hopkins RO. Cognitive dysfunction in ICU patients: risk factors, predictors, and rehabilitation interventions. Critical Care Medicine. 2013; 41(9 Suppl 1):S81–98.

Williams N, Flynn M. A review of the efficacy of neuromuscular electrical stimulation in critically ill patients. Physiother Theory Pract. 2014;30(1):6–11.

Winkelman C. Examing the possitive effect of exercise in intubated adults in ICU: A prospective repeated measures clinical study. Intensive and Critical Care Nursing. 2012:1–12.

Zafiropoulos B, Alison JA, McCarren B. Physiological responses to the early mobilisation of the intubated, ventilated abdominal surgery patient. The Australian Journal of Physiotherapy. 2004;50(2):95–100.

Zanni JM, Korupolu R, Fan E, Pradhan P, Janjua K, Palmer JB, et al. Rehabilitation therapy and outcomes in acute respiratory failure: an observational pilot project. Journal of Critical Care. 2010;25(2):254–62.

MIX
Papier aus verantwortungsvollen Quellen
Paper from responsible sources
FSC® C105338

If you have any concerns about our products,
you can contact us on
ProductSafety@springernature.com

In case Publisher is established outside the EU,
the EU authorized representative is:
**Springer Nature Customer Service Center GmbH
Europaplatz 3, 69115 Heidelberg, Germany**

Printed by Libri Plureos GmbH
in Hamburg, Germany